Renate Navé (Hrsg.)

Die schönsten Sprüche für das Poesiealbum

Renate Navé (Hrsg.)

Die schönsten
Sprüche
für das
Poesiealbum

SCHNEIDER
BUCH

Die Deutsche Bibliothek – CIP-Einheitsaufnahme

Die **schönsten Sprüche für das Poesiealbum** / Renate Navé
(Hrsg.). – München : Egmont Schneider, 1999
   ISBN 3-505-11012-4

Dieses Buch wurde auf chlorfreies, umweltfreundlich
hergestelltes Papier gedruckt.
Es entspricht den neuen Rechtschreibregeln.

Der Schneider Verlag im Internet:
http://www.schneiderbuch.de

© 1999 Egmont Franz Schneider Verlag GmbH
Schleißheimer Straße 267, 80809 München
Alle Rechte vorbehalten
Titelbild und Umschlaggestaltung: Christine Paxmann
Illustrationen: Bärbel Skarabela
Herstellung/DTP-Satz: Alfred Lahner
Druck: Presse-Druck, Augsburg
Bindung: Conzella Urban Meister, München-Dornach
ISBN 3-505-11012-4

99 00 01 / 6 5 4 3 2 1

Inhalt

Freche Sprüche 11

Freundschaft 19

Abschied 37

Gute Wünsche 43

Ratschläge 51

Aus Großmutters
Poesiealbum 71

Lebensweisheiten 89

Worte großer Dichter 113

Freche Sprüche

Es spuckt der Bäcker in die Hände,
es spuckt die Köchin ins Ragout,
es spuckt der Lausbub in die Hände,
in meinem Herzen spukst nur du!

Unter Buchen, unter Linden
wirst du einst ein Blümlein finden,
welches leise zu dir spricht:
„Lebe wohl! Vergiss mein nicht."

Warum wir gestern uns nicht trafen?
Du, ich hab total verschlafen.
Ich hab im Traum dein Bild gesehn,
da blieb vor Schreck der Wecker stehn.

Wenn die Flüsse aufwärts fließen
und die Hasen Jäger schießen
und die Mäuse Katzen fressen,
dann erst will ich dich vergessen.

Ewig musst du mich jetzt lieben,
weil du von mir abgeschrieben!
Doch du kannst es lassen bleiben,
lässt du mich von dir abschreiben!

Viel schöner bist du, wenn du lachst,
als wenn du eine Schnute machst.

Du bist wie eine Rose,
so schön und stachelig –
drum halt ich dich nur lose,
doch das für ewiglich!

In meinem Herzen hab ich Platz
für alles mögliche Getier.
Ich liebe Pferde, Hund und Katz,
jedoch am meisten lieb ick *dir*!

Sokrates, der weise Greis,
sagte oft in tiefen Sorgen:
„Ach, wie viel ist doch verborgen,
was man immer noch nicht weiß."
Und so ist es. – Doch indessen
darfst du eines nicht vergessen:
Eines weißt du doch hienieden,
nämlich, wenn du unzufrieden.

Ein Nilpferd saß am Nilesstrand,
rieb sich das Maul mit weißem Sand.
O möchte stets dein Herz so rein
wie diese Nilpferd-Schnauze sein!

Der liebe Gott hat es gewollt,
dass die Mück' uns stechen sollt'.
Es wär zu schön, auf dieser Welt,
wenn die Mück' im Sommer fehlt'.

Wenn alles sitzen bliebe,
was wir in Hass und Liebe
so voneinander schwatzen;
wenn Lügen Haare wären,
wir wären rau wie Bären
und hätten keine Glatzen.

Wilhelm Busch

Der braune Bär lebt in Sibirien,
in Afrika, da haust das Gnu,
das schwarze Schwein lebt auf Sizilien,
in meinem Herzen haust nur du.

Ein Häuschen aus Zucker,
aus Zimt die Tür,
den Riegel aus Bratwurst,
das wünsche ich dir.

Französisch ist ein Unterricht,
bei dem man durch die Nase spricht;
but if you know speak through your nose,
bist du noch lange kein Franzos!

So viel Dornen ein Rosenstock,
so viel Haare ein Ziegenbock,
so viel Flöh' ein Pudelhund,
so viel Jahre bleib gesund.

Gibt dir das Leben einen Puff,
so weine keine Träne.
Lach dir 'nen Ast und setz dich druff,
und baumle mit die Beene!

Algebra, Physik, Chemie –
mancher denkt, er lernt es nie!
Aber mancher, der das dachte,
später doch Karriere machte!

Das Glück ist wie ein Omnibus,
auf den man lange warten muss.
Und kommt er dann zu guter Letzt,
so ruft der Schaffner laut: „Besetzt!"

Lustig gelebt und selig gestorben
heißt dem Teufel die Rechnung verdorben.

Es rußt bei Krupp der Eisenhammer,
es rußt der Schornstein immerzu,
es rußt der Ofen in der Kammer,
in meinem Herzen ruhst nur du!

Im Walde turnt das Känguru,
in meinem Herzen turnst nur du.

Immer munter und frisch
wie im Wasser der Fisch,
wie im Kleefeld der Has',
wie der Heuschreck im Gras,
wie das Entlein im See,
wie das Füchslein im Schnee,
wie das Fröschlein am Bach,
wie der Spatz auf dem Dach,
wie das Fähnlein im Wind,
immer munter, mein Kind!

Ohne Blumen, ohne Träume,
ohne schöne Purzelbäume,
ohne Wurst und ohne Speck
hat das Leben keinen Zweck.

Das Herz einer Frau,
der Magen einer Sau,
der Inhalt einer Worscht
bleiben ewig unerforscht.

Später traf ich auf der Weide
außer mir noch meh're Kälber,
und nun schätz ich sozusagen
erst mich selber.

Wilhelm Busch

Sei brav wie ein Engel,
dann hat man dich lieb,
und denk an den Bengel,
der dir das schrieb.

Das Glück ist eine blinde Kuh
und läuft dem dümmsten Ochsen zu.

Werde alt wie eine Kuh
und lerne immer noch dazu.

Vom Brot allein kann man nicht leben,
es muss auch Wurst und Schinken geben.

Freundschaft

Freundschaft

Das Wetter und der Wind,
die ändern sich geschwind.
Wie schön, dass gute Freunde
nicht wetterwendisch sind.

Viele gute, liebe, treue
Freunde hast du sicherlich
und gewinnst dir täglich neue –
doch dein bester Freund bin ich!

Wenn jemand schlecht von deinem Freunde spricht,
und scheint es noch so ehrlich, glaub ihm nicht!
Spricht alle Welt von deinem Freunde schlecht,
misstrau der Welt und gib dem Freunde Recht!
Nur wer so standhaft seine Freunde liebt,
ist wert, dass ihm der Himmel Freunde gibt.

Ludwig II. von Bayern

Auf einsamer Mauer wächst trauriges Moos.
Ich wünsche dir, ...*) ein glücklicheres Los.
Wenn Rosen verblühen, der Diamant bricht,
bricht unsere Freundschaft in Ewigkeit nicht.

Aus dem Biedermeier

*) Setze hier den Namen deines Freundes/deiner Freundin ein.

Es neigt sich der Tag,
es bricht an die Nacht.
Dass ich dich nimmer mag?
Das wär doch gelacht!

Sag niemals leise, niemals laut,
was dir ein Freund hat anvertraut.

Johann Wolfgang von Goethe

Bringst du Sonnenschein,
dann tritt schnell herein.
Bringst du Sturm ins Haus,
dann geh schnell hinaus.

Um neue Freunde zu erhalten,
brechet niemals mit den alten.

Heut sind wir noch jung an Jahren,
doch die Zeit eilt wie der Wind.
Ob wir wohl mit weißen Haaren
noch wie heute Freunde sind?

Freundlich räumtest du ein Plätzchen
mir in diesem Album ein,
möchte auch in deinem Herzen
niemals ganz vergessen sein.

Freundschaft

In dein Album soll ich schreiben?
Ach, ich weiß so recht nicht, was!
„Wir woll'n gute Freunde bleiben",
schreibe ich. Gefällt dir das?

Wenn ich dereinst ganz alt und schwach,
und 's ist mal ein milder Sommertag,
so hink ich wohl aus dem kleinen Haus
bis unter den Lindenbaum hinaus.
Da setz ich mich dann im Sonnenschein
einsam und still auf die Bank von Stein,
denk an vergangene Zeiten zurück
und schreibe mit meiner alte Krücke
und mit der alten, zitternden Hand
......*) so vor mir in den Sand.

Wilhelm Busch

Wie ist die Ferne weit,
wenn sie zwei Herzen trennt,
und doch, wie nah die Ferne,
wenn man den Freund dort kennt!

Gleiche Sinne, gleiche Herzen,
gleiche Freuden, gleiche Schmerzen,
sind sie nicht der Freundschaft Band,
welches ewig hat Bestand?

Aus dem 17. Jahrhundert

*) Setze hier den Namen deines Freundes/deiner Freundin ein.

Es gehen viele Freunde in ein kleines Haus.

Sprichwort

Vor den Eichen muss man weichen,
vor den Fichten muss man flüchten.
Mit Freunden ist es wie mit Buchen,
echte Freunde muss man suchen.

Margarethe Kasper

Jeden Tag zur Schule gehn,
find ich manchmal gar nicht schön.
Nur dass wir uns wiedersehn,
lässt mich trotzdem täglich gehn!

......*), lerne Menschen kennen,
denn sie sind veränderlich:
Die dich heute Freundin nennen,
schimpfen morgen über dich.

In dein Büchlein schreib ich gerne
meinen Namen hier hinein,
hab dazu den Vers gedichtet,
nur für dich, für dich allein.
Bin ich dann in weiter Ferne,
bleibt mein Name doch hier stehn,
und du kannst mich nicht vergessen,
bis wir einst uns wiedersehn.

Juliane

24   *) Setze hier den Namen deines Freundes/deiner Freundin ein.

Freundschaft

Immer will dein Freund ich bleiben,
ob du fern bist oder nah!
Das für ewig aufzuschreiben,
dazu ist dies Album da!

Setz einen Spiegel
ins Herz mir hinein,
damit du kannst sehen,
wie treu ich es mein'!

Der Mensch hat nichts so eigen,
so wohl steht ihm nichts an,
als dass er Treue zeigen
und Freundschaft halten kann.

Simon Dach

Freundschaft, Liebe, Stein der Weisen,
diese drei hört ich preisen,
und ich pries und suchte sie,
aber, ach! Ich fand sie nie.

Heinrich Heine

Ein Freund, der mir den Spiegel zeiget,
den kleinsten Flecken nicht verschweiget,
mich freundlich warnt, mich herzlich schilt,
wenn ich nicht meine Pflicht erfüllt:
Der ist mein Freund.

Christian Fürchtegott Gellert

Treue ist ein seltener Gast.
Halt ihn fest, wenn du ihn hast.

Die Liebe bricht herein wie Wetterblitzen,
die Freundschaft kommt wie dämmernd
   Mondenlicht.
Die Liebe will erwerben und besitzen,
die Freundschaft opfert, doch sie fordert nicht.

Emanuel Geibel

Gute Freunde findet man nicht am Wege.

Sprichwort

Im Unglück erkennt man die Freunde.

Johann Gottfried Herder

Doch, was alle Freundschaft bindet,
ist, wenn Geist zu Geist sich findet.

Ludwig Uhland

Kannst du eigentlich ermessen,
welch ein guter Freund du mir?
Solltest du das je vergessen,
wär das gar nicht nett von dir!

Freundschaft

Die Kirschen sind zeitig,
die Kirschen sind gut,
und wenn ich dich sehe,
bin ich wohlgemut.

Der Fisch ist stumm,
das Reh ist scheu,
der Esel ist dumm,
und ich bin dir treu!

Wohl mag es Liebe auf den ersten Blick geben,
nicht aber Freundschaft.

Ernst Zacharias

Ein Mädchen saß am Waldesrand,
hielt dieses Album in der Hand.
Es schrieb hinein und will dir sagen:
Nie sollst du meine Treu' befragen.

Veilchen und Vergissmeinnicht
sind des Himmels Gaben:
......*) hat sie abgepflückt,
......*) soll sie haben!

Eines Tages wirst du mir fehlen,
denn mit dir konnte man Pferde stehlen.

*) Setze zuerst deinen Namen
und dann den Namen deines Freundes/deiner Freundin ein.

Zwei Tauben am Dach,
die lieb ich so sehr,
und dich, liebe ......,
dich lieb ich noch mehr.

Alles bricht und alles fällt
mit dem Leben in der Welt,
wahre Freundschaft nur allein
soll bei uns unsterblich sein.

Viele gute, liebe, treue
Freunde hast du sicherlich
und gewinnst dir täglich neue –
doch dein bester Freund bin ich!

Die Freundschaft währt ewig,
die Liebe vergeht,
drum wähle die Freundschaft,
die ewig besteht.
Die Liebe bringt Rosen,
die Freundschaft die Ruh,
drum wähle die beiden
und glücklich bist du!

Wenn du glaubst, ich lieb dich nicht,
ich treib mit dir nur Scherz,
so zünde ein Laternchen an
und leuchte mir ins Herz.

Was da blüht in Wald und Flur,
welkt nach kurzer Frist;
reine, treue Freundschaft nur
unvergänglich ist.

Dein gedenk ich, still erfreut,
selbst in der Einsamkeit.
Ja, im dicksten Publikum
schwebt mein Geist um dich herum.

Wilhelm Busch

Immer will dein Freund ich bleiben,
ob du fern bist oder nah!
Das für ewig aufzuschreiben,
dazu ist dies Album da!

Freund und Anker kennet man,
wenn sie Hilf in Not getan.

Abraham a Santa Clara

Es sollen blaue Blümchen licht
in deinem Garten sein.
Sie bitten dich: Vergiss mein nicht,
denn ich gedenke dein.

Volkstümlich

Freundschaft

Dein wahrer Freund ist nicht,
wer dir den Spiegel hält
der Schmeichelei,
worin dein Bild dir selbst gefällt.
Dein wahrer Freund ist,
wer dich sehn lässt deine Flecken
und sie dir tilgen hilft,
eh Feinde sie entdecken.

Friedrich Rückert

Wahre Freundschaft ist so selten
wie ein Haupttreffer in der Lotterie.

Lebensweisheit

An letzter Stelle möcht ich stehn.
Wenn wir einst auseinander gehn,
dann wirst du später gern dies lesen.
Ach, es war so schön gewesen!

Auf deinem Lebensweg viel Glück!
Komm, ich geh mit dir ein Stück!

Margarethe Kasper

Gleicher Sinn und gleiche Herzen,
gleiche Freuden, gleiche Schmerzen:
sind sie nicht der Freundschaft Band,
welches ewig hat Bestand?

Nie soll der Freundschaft hoher Preis
bloß auf der Zunge spielen.
Ein Freund muss ihn durch regen Fleiß
und durch Verdienste fühlen.
Er muss vom Eigennutze rein
ihm seine ganze Seele weih'n.

Die reine Freundschaft reiner Herzen
geht Hand in Hand in Freud und Schmerzen,
kein Glück, kein Missgeschick trennt sie.

Johann Kaspar Lavater

Es soll keiner einen für seinen vertrauten Freund
halten, er habe denn zuvor einen Scheffel Salz
mit ihm gegessen.

Martin Luther

Durch Liebe, Sitte, Tat und Mund
geschlossen wird der Freundschaftsbund.

Steht ein Freund dir liebreich noch zur Seite,
reich ihm brüderlich die treue Hand.
Oh, dann winkt dir noch ein Stern der Freude
und umglänzt das sanft geschlossene Band.
Hoffend darfst du in die Zukunft schauen,
und dein Innres stärkt sich durch Vertrauen.

Ich speise nicht nah,
ich speise nicht fern,
ich habe nur dich
zum Fressen gern!

Ob unser Lebensweg
uns führt' nach Ost, nach West,
wir halten voller Treu
an unsrer Freundschaft fest.

Wackerstein und Eisen bricht,
aber unsere Freundschaft nicht.
Auch dieses Schuljahr geht vorbei,
und ich bleib dir treu!

Liebe ......*), kein langes Gedicht.
Nur diese drei Worte: Vergiss mein nicht!

Heute früh um sieben
wär ich gern im Bett geblieben.
Doch es war ein Trost für mich:
In der Schule treff ich dich!

Margarethe Kasper

Der Mensch hat nichts so eigen,
so wohl steht ihm nichts an,
als dass er Treu' erzeigen
und Freundschaft halten kann.

Simon Dach

*) Setze hier den Namen deines Freundes/deiner Freundin ein.

Freundschaft

Wer die Freundschaft brechen kann,
fing sie nie von Herzen an.
Der wird fälschlich Freund genennt,
der sich von dem Freunde trennt.

Friedrich von Logau

Wer Freunde sucht, ist sie zu finden wert:
wer keinen hat, hat keinen noch begehrt.

Gotthold Ephraim Lessing

Mit einem kritischen Freund an der Seite
kommt man immer schneller vom Fleck.

Johann Wolfgang von Goethe

Wenn Teufel beten und Engel fluchen,
wenn Katz und Mäuse sich besuchen,
wenn alle Mädchen keusch und rein,
dann hör ich auf, dein Freund zu sein!

Wenn ich dich sehe,
vor Freuden ich krähe!

Auch die Freundschaft windet Kränze,
nicht aus Rosen, nein, aus Immergrün.
Denn die Rosen blühen nur im Lenze,
unsere Freundschaft, die soll ewig blühn.

Freundschaft

Fällt einst in einsamer Stunde
dein Auge auf dies Blatt,
dann denk, dass von Herzensgrunde
dich stets geliebet hat. ......

Bist du frech, dann ärgert's mich.
Bist du nett, dann freu ich mich.
Und immer wieder frag ich mich:
Gibt's nen dufteren Typ als dich?

Die Freundschaft gibt zwar nicht
die Seligkeit der Liebe,
doch wär ein Leben hart,
das ohne Freundschaft bliebe.

Was du dir wünschst, das weiß ich nicht.
Was ich dir wünsch, verrat ich nicht.
Ist's gut, soll's in Erfüllung gehn,
bis wir uns einmal wiedersehn.

Margarethe Kasper

Die Erde kann vergehen,
die Sonne kann erblassen,
doch wahre Freundschaft
soll uns nie verlassen.

Keine Straße ist lang
mit einem Freund an der Seite.

Du bist mein Glück,
du bist mein Stern,
auch wenn du schmollst,
ich hab dich gern!

Rosen, Tulpen und Narzissen.
Ich werde dich bestimmt vermissen,
wenn wir mal auseinander gehn.
Doch sicher gibt's ein Wiedersehn.

Margarethe Kasper

Salomon der Weise spricht,
alte Liebe rostet nicht.
Unsre Liebe, Gott sei Dank,
ist wie neuer Stahl so blank.

Hör gut zu,
ich sag, wie's ist,
dass du mir eine
der Liebsten bist.

Rosen, Tulpen, Nelken,
alle diese Blumen welken.
Marmor zerbricht,
aber unsere Freundschaft nicht.

Der Teufel soll dich holen
mit Pulver und Pistolen,
wenn du je vergisst,
wer die ......*) ist.

Wir sitzen auf der gleichen Bank
und lernen dieselben Sachen;
drum wollen wir uns lieben ein Leben lang
und Freude einander machen.

Lass uns zusammenrücken.
Eng macht mir nichts aus.
Es gehen viele Freunde
in ein kleines Haus.

Freund in der Not will nicht viel heißen;
hilfreich möchte sich mancher erweisen.
Aber die neidlos ein Glück dir gönnen,
die darfst du wahrlich Freunde nennen.

Paul Heyse

*) Trage deinen Namen ein.

Abschied

Abschied

„Leb wohl!"
Ich sag's von Herzensgrund.
„Gedenke mein,
Und bleib gesund!"

Vertilge, verjage, verbanne die Sorgen;
sei fröhlich am Abend und heiter am Morgen,
und denke zuweilen mit freundlichem Blick
an deine dich liebende Freundin zurück!

O brich den Faden nicht der Freundschaft rasch entzwei!
Wird er auch neu geknüpft, ein Knoten bleibt dabei.

Friedrich Rückert

Ich wünsche dir ein Glück, das nie versiegt,
ein Glück, das in dir selber liegt.
dass nie dein Herz sich mit sich selbst entzweie,
und, was du tust, dich nie gereue.

Bald schlägt die Glocke zum Abschiedsweh;
doch wollen wir nicht klagen.
Die Zeit vergeht, und zum Wiedersehn
wird sie auch wieder schlagen.

Durch Zufall lernten wir uns kennen,
durch Zufall müssen wir uns trennen,
durch Zufall werden wir uns wieder sehen!

39

Abschied

Vergiss niemals die Heimat,
wo deine Wiege stand.
Du findest in der Ferne
kein zweites Heimatland.

Auf dem Berge Wurronatzig
schönes Blum' gewachsen hat sich,
weiß und blau von Angesicht,
und es heißt: Vergissmeinnicht!

Es blüht ein schönes Blümchen
auf unserer grünen Au,
sein Aug ist wie der Himmel,
so heiter und so blau.
Es weiß nicht viel zu reden,
und alles, was es spricht,
ist immer nur das eine,
ist nur: Vergiss mein nicht!

Heinrich Hoffmann von Fallersleben

Ich hab dich so gern;
und ziehst du in die Fern',
so mögen wir uns trotzdem leiden,
auch wenn auf immer getrennt wir bleiben.

Verlass dich auf mich: Ich liebe dich!
Verlässt du mich, so weine ich.

Abschied

So wie der Glanz der Sterne,
so blühe stets dein Glück,
denk auch in weiter Ferne
recht oft an mich zurück.

In der Ferne gedenke mein!
In der Ferne gedenk ich dein.

Liebe mich immer!
Vergiss mich nimmer!

Ich habe dich so gerne;
nun ziehst du in die Ferne.
Doch wenn auch getrennt wir blieben,
stets woll'n wir einander lieben.

Freundlich räumst du mir ein Plätzchen
hier in deinem Album ein;
möcht ich auch in deinem Herzen
niemals ganz vergessen sein!

So wie die Rosen blühen,
so blühe auch dein Glück,
und wenn du Rosen siehst,
so denk an mich zurück!

Gute Wünsche

Gute Wünsche

Lachendes Leben blüh dir entgegen,
lachendes Glück kehr bei dir ein.
Freude sei mit dir auf allen Wegen,
lachender Frühling und Sonnenschein.

Lustig wie der Sonnenschein,
wie die Lerche froh,
fleißig wie das Bienelein,
liebe ......*) bleibe so!

Zwei mal zwei ist vier,
alles Gute wünsch ich dir.
Hast du einmal Schererei'n,
lass die Fünf doch grade sein.

Genieße froh des Lebens Freuden,
entbehre gern, was du nicht hast,
ein jeder Mensch hat seine Leiden,
ein jeder Mensch hat seine Last.

Weißt du, worin der Spaß des Lebens liegt?
Sei lustig! – Geht es nicht, so sei vergnügt.

Johann Wolfgang von Goethe

*) Setze hier den Namen deines Freundes/deiner Freundin ein.

Immer strebe zum Ganzen!
Und kannst du selber kein Ganzes werden,
als dienendes Glied
schließ an ein Ganzes dich an.

Friedrich von Schiller

Sonne und Regen, die wechseln sich ab,
mal geht's im Schritt, und mal geht's im Trab.
Fröhlichkeit, Traurigkeit, beides kommt vor.
Eins nur ist wichtig: Trag's mit Humor!

Hell' Gesicht bei bösen Dingen
und bei frohen still und ernst,
und gar viel wirst du vollbringen,
wenn du dies beizeiten lernst.

Ernst Moritz Arndt

Wenn du recht schwer betrübt bist,
dass du meinst, kein Mensch auf der Welt
könnte dich trösten, so tue jemand etwas Gutes,
und gleich wird's besser sein.

Peter Rosegger

Lachendes Leben blüh dir entgegen,
lachendes Glück kehr bei dir ein.
Freude sei mit dir auf allen Wegen,
lachender Frühling und Sonnenschein.

Gute Wünsche

Ob dir dieser Vers gefällt?
Ich wünsche dir ein frohes Leben,
Gesundheit und ein gutes Streben
nach allem Schönen auf der Welt.

Vielen teile deine Freuden,
allen Munterkeit und Scherz,
wenig Edlen deine Leiden,
Auserwählten nur dein Herz.

Die Sonne blickt mit hellem Schein
so freundlich in die Welt hinein!
Mach's ebenso!
Sei heiter und froh!

Bist du einmal gar zu traurig,
weil das Leben ach so schaurig,
dann bedenk, dass deine Sorgen
spätestens schon übermorgen
halb so schlimm wie heute scheinen
und kein Anlass mehr zu weinen.
Sei deiner Welt, so viel du kannst, ein Engel,
so wird sie dir, trotz aller Mängel,
so viel sie kann, ein Himmel sein.

Durchwandle froh und heiter
dein Leben Jahr für Jahr.
Das Glück sei dein Begleiter,
dein Himmel ewig klar!

Gute Wünsche

Tadle stets nur solche Sachen,
die du selbst kannst besser machen.

Heute Regen, morgen Sonnenschein,
Draußen, da muss es wohl so sein,
Doch im Hause, dessen Sonne du bist,
Da bleibe es hell zu jeder Frist!

Wandle auf Rosen lange Zeit,
bis an das Ufer der Herrlichkeit.
Dort stehen Engel mit Sternenkronen,
die werden dir Liebe und Treue belohnen.

Jede Gabe sei begrüßt,
doch vor allen Dingen
das, worum du dich bemühst,
möge dir gelingen.

Wilhelm Busch

Willst du dir ein hübsch' Leben zimmern,
musst dich ums Vergangene nicht bekümmern:
Das Wenigste muss dich verdrießen,
musst stets die Gegenwart genießen,
besonders keinen Menschen hassen
und die Zukunft Gott überlassen.

Johann Wolfgang von Goethe

Gute Wünsche

Fünf Wort nur an dich:
Sei glücklich, denk an mich!

Wenn dein Lehrer unzufrieden
mit dir ist, nimm's ihm nicht krumm.
Einstmals war's auch ihm beschieden:
Man hielt ihn – wie dich – für dumm!

Erst unter Kuss und Spiel und Scherzen
erkennst du ganz, was Leben heißt;
o lerne denken mit dem Herzen,
und lerne fühlen mit dem Geist.

Werde, was du noch nicht bist,
bleibe, was du jetzt schon bist;
in diesem Bleiben und diesem Werden
liegt alles Schöne hier auf Erden.

Franz Grillparzer

Du meinst, kein Stern steh' am Himmel,
sieh gut nur zu!
Wohl zwischen der Wolken Gewimmel
manch Sternlein findest du.
Scheint trüb das Leben dem Herzen,
sieh gut nur zu!

Alles fügt sich und erfüllt sich,
musst es nur erwarten können
und dem Werden deines Glückes
Jahr und Felder reichlich gönnen.

Christian Morgenstern

Ob dir dieser Vers gefällt?
Ich wünsche dir ein frohes Leben,
Gesundheit und ein gutes Streben
nach allem Schönen auf der Welt.

Ratschläge

Halt dein Rösslein nur im Zügel,
kommst ja doch nicht allzu weit.
Hinter jedem neuen Hügel
dehnt sich die Unendlichkeit.

In deinen fröhlichen Tagen
fürchte des Unglücks tückische Nähe!
Nicht an die Güter hänge dein Herz,
die das Leben vergänglich zieren!
Wer besitzt, der lerne verlieren;
wer im Glück ist, lerne den Schmerz.

Friedrich von Schiller

Solche wähle zu Begleitern
auf des Lebens Bahn,
die dein Herz und deinen Geist erweitern,
dich ermutigen, erheitern,
mit dir eilen himmelan.

Friedrich von Schiller

Danach sollst du trachten:
eig'ne Rechte mild zu üben,
fremde Rechte streng zu achten.

Emanuel Geibel

Nenne niemand dumm und säumig,
der das Nächste recht bedenkt.
Ach, die Welt ist so geräumig.
Und der Kopf ist so beschränkt.

Wilhelm Busch

Lass dir dies als Motto dienen:
halte Freundschaft früh und spat.
Wie die Eisenbahn die Schienen,
brauchst du guter Freunde Rat.

Willst du dich am Ganzen erquicken,
so musst du das Ganze im Kleinen erblicken.

Johann Wolfgang von Goethe

Sei regsam wie der junge Morgen,
sei feurig wie des Mittags Pracht!
Sei wie der Abend, ohne Sorgen
und still und friedvoll wie die Nacht.

Luise Hitz

Das Schlechte von gestern,
das soll dich nicht jucken.
Nach vorne, nach vorne,
nach vorn musst du gucken.

Gib nicht zu schnell dein Wort,
so brauchst du's nicht zu brechen!
Viel besser ist es, mehr
zu halten als versprechen.

Friedrich Rückert

Glück, sagt man, ist nur Schein.
Und so ist es,
bilde dir ein, glücklich zu sein,
und du bist es.

Sieh, wenn dein Los dir schwer zu tragen fällt,
ob's nicht noch größers Leid gibt in der Welt.

Laura Frost

Kommt dir der kleinste Sonnenstrahl
auf deinem Lebenspfad entgegen –
rasch fang ihn ein!
Umgibt die Nacht dich dann einmal,
so wird er dir zu deinem Segen
die Sonne sein!

Otto von Leixner

Geduld, Schweigen, Lachen
hilft oft in schlimmen Sachen.

Halte das Glück wie den Vogel:
so leise und lose wie möglich!
Dünkt er sich selber nur frei,
bleibt er dir gern in der Hand.

Friedrich Hebbel

Freue dich jeglicher Freude,
Weil jegliche Freude von Gott kommt;
freue dich jeglichen Leides,
weil jegliches Leid zu Gott führt.

Johann Kaspar Lavater

Das Glück, kein Reiter wird's erjagen,
es ist nicht dort und ist nicht hier.
Lern überwinden, lern entsagen,
und ungeahnt erblüht es dir.

Theodor Fontane

Willst du sicher durchs Leben gehn,
musst du auf festen Füßen stehn.
Wissen wird dich trefflich stützen,
Können dir nicht minder nützen,
Lernen hilft sie dir gewinnen,
greife zu, eh sie entrinnen!

Ratschläge

Vom Unglück erst
zieh ab die Schuld!
Was übrig bleibt,
trag in Geduld!

Theodor Storm

Will das Glück nach seinem Sinn
dir was Gutes schenken,
sage Dank und nimm es hin
ohne viel Bedenken.

Willst du am Leben Freude finden,
musst du immer trachten,
großes Unglück zu verwinden,
kleines nicht zu achten.

A. Frankl

Tröste dich, die Stunden eilen,
und was all dich drücken mag,
auch das Schlimmste kann nicht weilen,
und es kommt ein andrer Tag.

Theodor Fontane

Du musst nicht lange klagen,
was alles dir wehe tut.
Nur frisch und fröhlich gesungen,
und alles ist wieder gut.

Adalbert von Chamisso

Dem Wahren beuge dich,
dem Schönen neige dich,
im Guten zeige dich.

J. Löffler

Ein Scherz, ein lachend Wort
entscheidet oft
die größten Sachen treffender und besser
als Ernst und Schärfe.

Horaz

Weißt du, worin der Spaß des Lebens liegt?
Sei lustig!
Geht es nicht, so sei vergnügt.

Johann Wolfgang von Goethe

Nicht jeder Tag, das ist gewiss,
steckt voller froher Lieder.
Haut das Leben dir 'nen Schmiss,
versuch es einfach wieder.

Wenn dich die Lästerzunge sticht,
so lass dir dies zum Troste sagen:
Die schlechtesten Früchte sind es nicht,
woran die Wespen nagen.

Gottfried August Bürger

Und kommt es dir zuweilen vor,
als ächze schwer dein Lebenskarren:
Öl rasch die Räder mit Humor,
dann hört er wieder auf zu knarren.

Wenn dich die Leut' verdrießen,
Wehmut dein Herz beschleicht,
tu ihnen rasch was Gutes,
dann ist dir wieder leicht.

Aufgesattelt! Aufgezäumt!
Wer auf hohem Rosse träumt,
der riskiert sehr viel,
geht gar als Letzter durch das Ziel.

Willst du lustig leben,
geh mit zwei Säcken;
einen zum Geben,
einen zum Einstecken.
Da gleichst du Prinzen,
plünderst und beglückst Provinzen.

Johann Wolfgang von Goethe

Du wirst es nie zu Tücht'gem bringen
bei deines Grames Träumereien,
die Tränen lassen nichts gelingen:
Wer schaffen will, muss fröhlich sein.

Jede Gabe sei begrüßt,
doch vor allen Dingen:
das, worum du dich bemühst,
möge dir gelingen.

Wilhelm Busch

Sei heiter!
Es ist gescheiter
als alles Gegrübel;
Gott hilft weiter,
zur Himmelsleiter
werden die Übel!

Theodor Fontane

Lasse jedem seine Freuden,
gönn ihm, dass er sich erquickt,
wenn er sittsam und bescheiden
auf den eignen Teller blickt.
Wenn jedoch bei deinem Tisch er
unverschämt dich neckt und stört,
dann gib du ihm einen Wischer,
dass er merkt, was sich gehört.

Wilhelm Busch

Nimm dieses Leben nicht so ernst,
recht spotthaft ist's im Allgemeinen.
Je besser du es kennen lernst,
je muntrer wird es dir erscheinen.

Köpfe haben Dünkel,
Herzen haben Winkel:
Prüfe, was du siehst!

Friedrich von Logau

Bemüh dich nur und sei hübsch froh,
der Ärger kommt schon sowieso.

Wilhelm Busch

Frage nicht, was das Geschick
morgen will beschließen.
Unser ist der Augenblick,
lass uns den genießen.

Friedrich Rückert

Sei von Herzen froh!
Das ist das A und O.

Johann Wolfgang von Goethe

Vertreibe schon heute
die Sorgen von morgen.
Und fehlt dir der Schwung,
ich kann dir was borgen!

Lernst was, kannst was.
Kannst was, wirst was.
Wirst was, bist was.
Bist was, hast was.

Es ist schon schwierig auf der Welt.
Nicht immer kommt's, wie es gefällt.
Geht mal etwas in die Binsen,
immer muss man freundlich grinsen.

Geh deinen Weg,
und lass die Leute reden!

Dante Alighieri

Lernst du wohl,
wirst du gebratener Hühner voll,
lernst du übel,
musst du mit der Sau zum Kübel.

Martin Luther

Trifft dich des Schicksals Schlag,
so mach es wie der Ball;
je stärker man ihn schlägt,
je höher fliegt er all.

Friedrich Rückert

Nutze deine jungen Tage,
lerne zeitig klüger sein.
Auf des Glückes großer Waage
steht die Zunge selten ein.
Du musst steigen oder sinken,
du musst herrschen und gewinnen
oder dienen und verlieren,
leiden oder triumphieren,
Amboss oder Hammer sein!

Johann Wolfgang von Goethe

Weißt du was, so schweig.
Ist dir wohl, so bleib.
Hast du was, so halt.
Unglück mit seinem breiten Fuß kommt bald.

Martin Luther

Greif nicht leicht in ein Wespennest;
doch wenn du greifst, so greife fest.

Matthias Claudius

Wenn du klug bist,
so mische eines mit dem anderen;
hoffe nicht ohne Zweifel,
und zweifle nicht ohne Hoffnung.

Seneca

Bleib nicht auf ebnem Feld!
Steig nicht so hoch hinaus!
Am schönsten sieht die Welt
von halber Höhe aus.

Friedrich Nietzsche

Mit der Laterne nicht,
mit dem Herzen suche die Menschen;
denn der Liebe allein
öffnen die Menschen ihre Herzen.

Peter Rosegger

Blick in dein Inneres.
Da drinnen ist eine Quelle des Guten,
die niemals aufhört zu sprudeln,
wenn du nicht aufhörst nachzugraben.

Marc Aurel

Arbeit macht das Leben süß,
Faulheit stärkt die Glieder.
Heißt es. Trotzdem sei nicht faul,
gebratne Tauben fliegen nicht ins Maul.

Lern die Augen aufzutun,
soll dir nichts missglücken.
Ist dir aber was missglückt,
lern eins zuzudrücken.

Ratschläge

Hoffe nicht, harre nicht,
frisch die Zeit beim Schopf gefasst!
Suche nichts, was dir gebricht,
und genieße, was du hast.

In der Schule wie im Leben
sollte man sein Bestes geben,
denn nur wer sein Bestes gibt,
ist bei jedermann beliebt.

Will das Glück nach seinem Sinn
dir was Gutes schenken,
sage Dank und nimm es hin
ohne viel Bedenken.
Jede Gabe sei begrüßt,
doch vor allen Dingen:
das, worum du dich bemühst,
möge dir gelingen!

Wilhelm Busch

Lass nur die Sorge sein,
das gibt sich alles schon;
und fällt der Himmel ein,
kommt doch eine Lerche davon.

Johann Wolfgang von Goethe

Ach ja, das Muss
ist eine harte Nuss.
Doch muss es ein,
dann schick dich drein!

Werde, was du noch nicht bist,
bleibe, was du jetzt schon bist.
In diesem Bleiben und diesem Werden
liegt alles Schöne auf dieser Erden.

Franz Grillparzer

Treue ist ein seltner Gast,
halt ihn fest, wenn du ihn hast!

Tu nur das Richtige in deinen Sachen,
das andere wird sich selber machen.

Johann Wolfgang von Goethe

Es ist kein Verbrechen,
den Mund zu öffnen, um zu sprechen.
Vermeide nur Gemütserregung,
sprich lieber sanft mit Überlegung,
denn mancher hat sich schon beklagt:
„Ach, hätt ich das doch nicht gesagt!"

Wilhelm Busch

Scheint dir auch mal das Leben rau,
sei still und zage nicht:
die Zeit, die alte Bügelfrau,
macht alles wieder schlicht.

Sage nie: Dann soll's geschehen!
Öffne dir ein Hinterpförtchen
durch „Vielleicht", das nette Wörtchen,
oder sag: Ich will mal sehen.

Wilhelm Busch

Genieße froh des Lebens Freuden,
entbehre gern, was du nicht hast,
ein jeder Mensch hat seine Leiden,
ein jeder Mensch hat seine Last.

Bevor du dein Herz an etwas hängst,
prüfe erst, wie glücklich jene sind,
die es bereits besitzen.

André Gide

Immer ruhig und gediegen,
was nicht fertig wird, bleibt liegen.

Nütze das Heute und vertraue
so wenig als möglich dem Morgen!

Horaz

Tu stets deine Pflicht,
doch vergiss dabei nicht,
dass ein fröhlich Gesicht
am meisten besticht.

Mit Lachen kommst du durch die Welt,
mit Weinen, da ist's schlecht bestellt,
denn aller Weisheit goldenes Tor,
das ist gepflastert mit Humor.

Es gibt ein schönes Wort auf Erden:
Man sollte bedeutend ruhiger werden!

Willst du dich in dem Glück nicht
    ausgelassen freu'n,
im Unglück nicht unmäßig kränken,
so lern, so klug wie Eulenspiegel sein:
im Unglück gern ans Glück,
im Glück ans Unglück denken.

Christian Fürchtegott Gellert

Nie verlerne so zu lachen,
wie du jetzt lachst, froh und frei;
denn ein Leben ohne Lachen
ist ein Frühling ohne Mai.

Sei nicht ein Wind- und Wetterhahn
und fang nicht immer Neues an.
Was du einmal begonnen hast,
das führ zu Ende ohne Rast.

Verschiebe nicht auf morgen, was genauso gut
auf übermorgen verschoben werden kann.

Mark Twain

Hell' Gesicht bei bösen Dingen
und bei frohen still und ernst,
und gar viel wirst du vollbringen,
wenn du dies beizeiten lernst.

Ernst Moritz Arndt

Drum lebe mäßig, denke klug,
wer nichts gebraucht, der hat genug.

Wilhelm Busch

Mach es wie die Sonnenuhr,
zähl die heit'ren Stunden nur.

Aus Großmutters Poesiealbum

So, wie die Rosen blühen,
so blühe auch dein Glück.
Und wenn du Rosen siehest,
so denk an mich zurück.

Wenn dich die Nebel des Trübsinns umgarnen,
heb zu den Sternen den sinkenden Mut;
hab zu dir selber recht festes Vertrauen,
Guten ergeht es am Ende stets gut.

Du musst es nicht den Menschen klagen,
wenn dir vor Schmerz das Herz zerreißt,
denn in unseren wunderbaren Tagen
weiß man ja kaum, was Mitleid heißt.
Und bringt der Kummer dich zum Weinen,
und drückt dich nieder schwere Pein,
dann musst du immer heiter scheinen
und weinen nur für dich allein.

Wie das Veilchen sei bescheiden,
wie der Frühling reich an Freuden.

Was ist die schönste Blüte
der blumenreichen Welt?
Ein kindliches Gemüte,
ein Herz, das Gott gefällt.

Jede Kleinigkeit
reift durch die Zeit;
Mädchen reifen auch:
Was ein Pflänzchen war,
ist schon übers Jahr
Bäumchen oder Strauch.

Du liest wohl in späteren Jahren
die Blätter des Albums einst nach.
Du rufst dir die Zeit, die entschwunden,
die Tage der Kindheit dann wach.
Da wirst du manch Blättlein wohl wählen,
geschrieben von liebender Hand,
und wirst von der Freundin erzählen,
was nie dem Gedächtnis entschwand.
Und stellt dir dann jemand die Frage:
„Wer war's, die dieses dir schrieb?"
Dann denke du immer und sage:
„Die Schreiberin hatte mich lieb!"

Es haut der Förster seine Föhren,
es haut die Magd die Türe zu,
es haut der Lehrer seine Gören,
in meinem Herzen haust nur du!

Tu stets deine Pflicht,
doch vergiss dabei nicht,
dass ein fröhlich Gesicht
am meisten besticht.

Erfülle jederzeit deine Pflicht,
und wenn es dir schwer fällt, dann murre nicht.
Nur den erquickt des Abends Rast,
der freudig trug des Tages Last.

Was soll ich dir zum Denkmal geben,
das dich an mich erinnern soll?
Ich will in deinem Stammbuch leben,
denk auch an mich und lebe wohl!

Ich schreibe mich ins Album ein,
weil ich nicht möcht vergessen sein;
doch auch im Herzen möcht ich stehn,
das Album könnt verloren gehn.

Morgenstund hat Gold im Mund.
Salz und Brot macht Wangen rot.
Frisch gewagt ist halb gewonnen.
Ein warmes Bett ist auch ganz nett!

Eine goldene Regel fürs Leben,
die man nie vergisst:
Der Klügere gibt so lange nach,
bis er der Dumme ist.

Aus Großmutters Poesiealbum

Das höchste Glück der Erde
liegt auf dem Rücken der Pferde.
Das höchste Glück der Pferde
ist der Reiter auf der Erde.

Der Rose süßer Duft genügt,
man braucht sie nicht zu brechen.
Und wer sich mit dem Duft begnügt,
den wird ihr Dorn nicht stechen.

Wenn Berg und Tal uns trennen,
und wir uns kaum noch kennen,
dann denk an dieses Blatt
und wer's geschrieben hat.

Es grüßen blaue Blümlein licht
in deinem Garten klein.
Sie bitten dich: Vergiss mein nicht,
denn ich gedenke dein.

Trau dich, sei kein müder Tropf.
Lieber kein Blatt vor dem Mund
als ein Brett vor dem Kopf!

Blüh wie das Veilchen im Moose,
sittsam, bescheiden und rein.
Und nicht wie die stolze Rose,
die immer bewundert will sein.

Rein wie das Täubchen,
klar wie der Bach,
fließe dein Leben
ohn' Ungemach.

Unter Buchen, unter Linden,
wirst du einst ein Blümlein finden,
welches leise zu dir spricht:
„Lebe wohl! Vergiss mein nicht."

Wenn dich des Lebens Bürden drücken,
und selbst wenn schon mit finsteren Blicken
die Abendsonne auf dich scheint,
und wenn die Stirn sich wirft in Falten,
wenn Kummer will das Herz dir spalten
und wenn dein Auge Tränen weint,
so denk an deinen Herzensfreund.

Dein Album ist ein Blumengarten,
drin blühen Blumen aller Arten.
Ich stell in diesem Blumenflor
im Herzen mir das Unkraut vor.
Doch wenn die Rosen welkend fallen,
gedenk des Unkrauts dann vor allem,
denn meine Liebe nie erstirbt,
weil ja das Unkraut nicht verdirbt.

Die Jahre schnell vorüberziehn,
Du aber mögest ewig blühn!

Wie man's macht, ist's falsch;
und macht man's falsch,
ist's doch nicht richtig.

Das Veilchen braucht den Sonnenschein,
dann treibt es neue Triebe.
Dir wünsche ich zum Glücklichsein:
Liebe!

Das höchste Glück, o Menschenkind,
o glaube doch mitnichten,
dass es erfüllte Wünsche sind;
es sind erfüllte Pflichten.

Reim dich oder ich fress dich,
sagte der Dichter zum Gedicht.
Bin ich nur ein kleiner Dichter,
drum fresse ich dich nicht.

Drei Engel mögen dich begleiten
durch deine ganze Lebenszeit,
und die drei Engel, die ich meine,
sind Liebe, Glück, Zufriedenheit.

Ein jeder Wunsch sei dir gewährt,
das Glück dir stets ergeben,
dein Herz von Kummer nie beschwert
und freudenvoll dein Leben!

Wenn der Kindheit frohe Tage
hinter uns einst liegen weit,
dann dies Blättchen wird dir sagen:
„Schön war unsre Jugendzeit!"

In stiller, ungestörter Freude
durchwandle deine Jugendzeit!
Ein Engel sei dir stets zur Seite,
und schütze dich vor jedem Leid!

Ein froher Mut, ein heitrer Sinn
führ' glücklich dich durchs Leben hin!

Immer mit heiter zufriedenem Sinn
wandle beglückt durch das Leben dahin!

Vom Himmel kam geflogen eine Taube
Und bracht' ein Kleeblatt mit dreifachem Laube.
Sie ließ es fallen, glücklich, wer es findet!
Drei Blättlein sind es: Hoffnung, Lieb' und Glaube.

Wenn du einst in späten Jahren
dieses Verschen wirst durchlesen,
denk daran, wie froh wir waren,
als wir Kinder noch gewesen.

Wenn die Rosen blühen,
hoffe, liebes Herz.
Still und kühl verglühen
wird dann heißer Schmerz.
Was den Winter über
oft unheilbar schien:
es entweicht das Fieber,
wenn die Rosen blühn!

Wär ich eine Gärtnerin,
pflanzt ich dir ein Veilchen hin.
Wär ich eine Dichterin,
schrieb ich dir ein Verschen hin.
Weil ich keins von beiden bin,
schreib ich meinen Namen hin:
......

Einen der dümmsten Sprüche von allen,
den verrat ich dir nun:
Es ist noch kein Meister vom Himmel gefallen,
ohne sich dabei wehzutun!

Geh fröhlich hin durchs blumenreiche Leben
und pflücke manche Blume dir.
Nicht nur für bittren Gram hat Gott
das Leben uns gegeben,
nein, auch für Freuden sind wir hier.

Reichtum gibt Überdruss,
Genügen schafft frohen Genuss,
Jugend und Anmut vergeht,
Schönheit der Seele besteht.
Irdisches Gut dich verlässt,
Gottes Güte steht fest.

Eine große Weisheit
tu ich hiermit kund:
Der Berg ist für die Wolken,
was der Baum für den Hund.

Ins Freundschaftsgärtchen hier
pflanz ich auf weiß' Papier
ein Blümlein – schönres gibt es nicht –
es wird genannt Vergissmeinnicht.

Keinen deiner künftigen Tage
trübe nur die kleinste Plage,
mögen sie doch, mild und rein,
alle Frühlingstage sein.

81

Wie Wellentanz, wie Sonnenglanz,
wie Lerchen singend schweben,
wie Morgentau, wie Veilchenblau,
so sei dein Mädchenleben!

Wenn Berg und Tal uns trennen,
und wir uns kaum noch kennen,
dann denk an dieses Blatt
und wer's geschrieben hat.

Dass keine Lieb' er geben könnt',
so arm ist keiner!
Dass er zu reich an Lieb' sich nennt,
wo wäre einer!

Ein kleines blaues Blümchen spricht:
Vergiss mich, liebe Freundin, nicht.
Sind wir beide auch noch klein,
die Freundschaft soll doch ewig sein.

Die größte Last ist nicht zu schwer,
wenn Lieb' sie teilet,
das Leben ist öd und leer,
wo Lieb' nicht weilet.

Arbeit ist die Bedingung des Lebens,
das Ziel Weisheit,
und Glückseligkeit der Preis.

Freue dich der Rosen!
Ob auch beim Brechen
Dornen dich stechen –
freu dich der Rosen!
Wie lang wird's dauern,
fallen die Blätter
bei stürmischem Wetter –
dann magst du trauern!

Reichtum heißt nicht, Gold erlangen;
Reichtum heißt nicht, Schätze graben:
Reichtum heißt, all's fein umfangen,
was wir lieb und teuer haben.

Armut heißt nicht, Schätze missen;
Armut heißt nicht, Geld verfehlen:
Armut heißt, entbehren müssen,
was wir tief im Herzen hehlen.

Emsiges Ringen führt zum Gelingen.
Baust du nicht fort, so stürzt alles dir ein.
Nimmer verzagen! Frisch wieder wagen!
Tröpflein auf Tröpflein durchhöhlt auch den Stein.

Üb Tugend jeden Augenblick!
Wer nicht vorangeht, geht zurück.

Hold wie die Morgenröte
im jungen Lenz erwacht
und auf dem Blumenbeete
die sanfte Rose lacht.
So wandle du im Segen
und immer heiter'n Sinn
auf blumenreichen Wegen
dein schönes Leben hin.

Gar mancher in dein Büchlein schreibt
und hat doch dich nicht halb so lieb,
nicht halb so lieb wie ich;
und mancher schreibet noch hinein
und wird dir doch nicht treuer sein,
nicht treuer sicherlich!

Vom Leben der Schule zu sein befreit,
scheint dir ein würdig Ziel des Strebens;
sei sicher, du sehnst in der Schule des Lebens
dich oft noch zurück nach der Jugendzeit.

Immer glücklich sein macht bald unempfindlich
gegen den Genuss des Glückes; aber andere
glücklich machen gibt immer neue Freuden.

Jean Paul

Kein besseres Kissen in Freude und Schmerz,
denn gutes Gewissen und ehrliches Herz!

Glück – Glück – Glück.
Jeden Tag ein Stück,
jeden Tag ein Ei,
jeden Sonntag zwei.

Das Glück gleicht oft dem Schlingel,
der nachts vor deinem Haus
zum Scherz reißt an der Klingel,
und dann kneift aus.
Wer über solches Treiben
sich ärgert, ist ein Tor.
Du musst ans Haus nur schreiben:
Hier wohnt Humor!

Pflück die Rosen, wenn sie blühn!
Morgen ist nicht heut.
Keine Stunde lass entfliehn!
Flüchtig ist die Zeit.

Lebe glücklich, frei von Schmerzen;
freue deines Lebens dich,
und in deinem guten Herzen
sei ein Plätzchen auch für mich!

Etwas haben wollen, was wir nicht haben,
und etwas sein wollen, was wir nicht sind,
das ist die Wurzel allen Übels.

Alle Blumen möcht ich binden,
......*) dir in einen Strauß,
und mit Kränzen dich umwinden,
dass du lachend schaust heraus.
Alles Gute möcht ich wünschen,
meine liebe ......*) dir,
und zuletzt noch freundlich bitten:
denk an deine Freundin hier.

Wo andre schöne Verse schreiben,
da sag ich nur das schlichte Wort:
Ich bin dir gut und will es bleiben,
zu jeder Zeit, an jedem Ort.

Von allen Blumen auf der Flur
ist eine unvergänglich nur;
die andern deckt zur Wintersruh
der Schnee mit weißem Schleier zu.
Die eine, wenn es friert und schneit
wohl in der langen Winterszeit,
klopft sanft an unser Herz und spricht:
„Macht auf! Ich bin's: Vergissmeinnicht!"
Und wo ein Herz in Liebe glüht,
wo wahre Freundschaft ist erblüht,
wo man der Treue Kränze flicht,
blüht unverwelkt Vergissmeinnicht!

O blicke, wenn die Welt den Sinn dir will verwirren,
zum ew'gen Himmel auf, wo nie die Sterne irren!

*) Setze hier den Namen deines Freundes/deiner Freundin ein.

Primeln und Veilchen
blühn nur ein Weilchen:
Rosen und Flieder
verblassen wieder,
Maiglöckchens Düfte im Winde verwehn,
doch unsere Freundschaft soll immer bestehn.

Starkes Herz in Not und Streit,
weiches Herz bei fremdem Leid,
frisches Herz für jedes Schöne,
treues Herz in alle Zeit!

Unter Blumen soll dein Leben
fließen wie ein sanfter Bach,
und das größte Glück auf Erden
wünsche ich dir jeden Tag.

Du sehnst dich, weit hinauszuwandern,
bereitest dich zu raschem Flug.
Dir selbst sei treu und treu den andern!
Dann ist die Enge weit genug.

Ringe viel mehr zu sein, als zu haben;
ein Augenblick nimmt dir oft, was du hast;
was du bist, nimmt dir die Ewigkeit nicht.

Lebensweisheiten

Frieden im Gemüte,
das Leben sonnig erhellt:
Wahre Herzensgüte
überwindet die Welt.

Victor von Scheffel

Der eine fragt: Was kommt danach?
Der andere fragt nur: Ist es recht?
Und also unterscheidet sich
der Freie von dem Knecht.

Theodor Storm

Wer glücklich ist, kann glücklich machen,
wer's tut, vermehrt sein eigenes Glück.

Johann Ludwig Wilhelm Gleim

Wer mit dem Leben spielt,
kommt nie zurecht,
wer nicht sich selbst befiehlt,
bleibt immer Knecht.

Johann Wolfgang von Goethe

Wer lächelt, statt zu toben,
ist immer der Stärkere.

Östliche Weisheit

Das Glück hilft denen nicht,
die sich nicht selbst helfen.

Sprichwort

Wo der eine Schatten findet,
findet der andre goldnes Licht.
Wo dem einen Rosen lachen,
findet der andre dürren Sand.

Ludwig Uhland

Sage nicht immer, was du weißt,
aber wisse immer, was du sagst!

Matthias Claudius

Blick in dein Inneres!
Da drinnen ist eine Quelle des Guten,
die niemals aufhört zu sprudeln,
wenn du nicht aufhörst nachzugraben.

Seneca

Nicht, was wir erleben,
sondern wie wir empfinden,
was wir erleben,
macht unser Schicksal aus.

Marie von Ebner-Eschenbach

Nicht, wer wenig hat,
sondern wer viel wünscht,
ist arm.

Seneca

Dass die Vögel der Sorge und des Kummers
über deinem Haupte fliegen,
kannst du nicht ändern.
Aber dass sie Nester
in deinem Haar bauen,
das kannst du verhindern.

Chinesische Weisheit

Am Ende deiner Bahn
ist gut Zufriedenheit.
Doch wer am Anfang ist zufrieden,
kommt nicht weit.

Friedrich Rückert

Das Glück ist nie ganz ohne Leid;
zum Begleiter hat es stets den Neid.

Alter Spruch

Durchs Leben führen zwei Zauberworte,
sie öffnen zu jeglichem Glücke die Pforte.
„Ich will" ist der Schlüssel, aber „ich kann"
ist unerlässlich der Bart daran.

Wer sich an andre hält,
dem wankt die Welt.
Wer auf sich selber ruht,
steht gut.

Paul Heyse

Zeit und Tage
bringen viel Plage:
Tage und Zeit
ändern viel Leid.

Eines schickt sich nicht für alle.
Sehe jeder, wie er's treibe,
sehe jeder, wo er bleibe,
und wer steht, dass er nicht falle.

Johann Wolfgang von Goethe

Jedermann ist seines Glückes Schmied,
vorausgesetzt, dass ihm das Schicksal
nicht Hammer und Amboss versagt hat.

Volksweisheit

Nur wer mit Leichtigkeit, mit Freude und Lust
die Welt sich zu erhalten weiß,
der hält sie fest.

Bettina Brentano

Am Abend wird man klug
für den vergangenen Tag,
doch niemals klug genug
für den, der kommen mag.

Friedrich Rückert

Leicht zu leben ohne Leichtsinn,
heiter zu sein ohne Ausgelassenheit,
Mut zu haben ohne Übermut –
das ist die Kunst des Lebens!

Theodor Fontane

Allzeit fröhlich ist gefährlich,
allzeit traurig ist beschwerlich,
allzeit glücklich ist betrüglich,
eins ums andre ist vergnüglich.

Wenn wir täten,
was wir sollten,
und nicht machten,
was wir wollten,
so hätten wir auch,
was wir haben sollten.

Martin Luther

Nichts ist so kümmerlich
so kleinlich und kläglich,
das nicht Humor und Witz
dir machen noch erträglich.

Friedrich Güll

Das Glück ist nicht draußen,
da sucht es der Tor,
es ist in dir, du bringst es
ewig hervor.

Friedrich von Schiller

Nichts taugt Ungeduld,
noch weniger Reue:
Jene vermehrt die Schuld,
diese schafft neue.

Arbeit und Fleiß, das sind die Flügel,
sie führen über Berg und Hügel.

Jung fleißig sein,
und viel erlernen müssen,
ist kleinere Pein,
als – nichts im Alter wissen.

Johann Wolfgang von Goethe

Willst du das Leben recht verstehn,
musst du's nicht nur von vorn besehn.
Von vorn betrachtet sieht ein Haus
meist besser als von hinten aus.

Wilhelm Busch

In der Welt fährst du am besten,
sprichst du stolz mit stolzen Gästen,
mit bescheidenen bescheiden,
aber wahr und klar mit beiden.

Anastasius Grün

Nur zwei Tugenden gibt's.
O wären sie immer vereint,
immer die Güte auch groß,
immer die Größe auch gut!

Friedrich von Schiller

Fortuna lächelt, doch sie mag
nur ungern voll beglücken.
Schenkt sie uns einen Sommertag,
so schenkt sie uns auch Mücken.

Wilhelm Busch

Die Welt ist nicht aus Brei und Mus geschaffen,
deswegen haltet euch nicht wie Schlaraffen:
Harte Bissen gibt es zu kauen;
wir müssen erwürgen oder verdauen.

Johann Wolfgang von Goethe

Immer nur Sonnenschein würde zu hell.
Immer nur weitergehn ginge zu schnell.
Nebel und Regenguss muss einmal sein,
willst du am Himmelsblau doppelt dich freu'n.

Du wirst es nie zu Tücht'gem bringen
bei deines Grames Träumerei'n,
die Tränen lassen nichts gelingen,
wer schaffen will, muss fröhlich sein.

Die Erfahrung ist eine strenge Lehrerin.
Sie stellt zuerst die Prüfungsaufgaben
und beginnt danach mit dem Unterricht.

Zufrieden sein ist große Kunst.
Zufrieden scheinen bloßer Dunst.
Zufrieden werden großes Glück.
Zufrieden bleiben Meisterstück.

Die Welt ist ein Sardellensalat;
er schmeckt uns früh, er schmeckt uns spat.

Johann Wolfgang von Goethe

Wünsche dir entfloh'ner Stunden
helle Freuden nicht zurück;
denn das Glück ist nie verschwunden;
was verschwindet, ist kein Glück.

L. Schnabel

Richte nie den Wert des Menschen
schnell nach einer kurzen Stunde.
Oben sind bewegte Wellen,
doch die Perle liegt am Grunde.

Das ist der Weisheit letzter Schluss:
Nur der verdient sich Freiheit wie das Leben,
der täglich sie erobern muss.

Johann Wolfgang von Goethe

Wer des Morgens dreimal schmunzelt,
mittags nie die Stirne runzelt,
abends singt, dass alles schallt,
der wird hundert Jahre alt.

Und all das Geld und all das Gut
gewährt zwar schöne Sachen,
Gesundheit, Schlaf und guten Mut
kann's aber doch nicht machen.

Matthias Claudius

Wo viel Freiheit, ist viel Irrtum,
doch sicher ist der schmale Weg der Pflicht.

Friedrich von Schiller

Willst bei den Menschen du was gelten,
gib dich nicht um kleinen Preis,
denn die Welt lässt den nur gelten,
der sich selbst zu schätzen weiß.

Tu, was du kannst und lass das andre dem, der's kann,
zu jedem ganzen Werk gehört ein ganzer Mann.
Zwei Hälften machen zwar ein Ganzes, aber merk:
Aus halb und halb getan entsteht kein ganzes Werk.

Friedrich Rückert

Alt werden steht in Gottes Gunst,
jung bleiben, das ist Lebenskunst.

Wenn du willst leben
lang und gesund,
dann iss wie die Katze
und trink wie der Hund!

Liegt dir Gestern klar und offen,
wirkst du heute kräftig frei,
kannst auch auf ein Morgen hoffen,
das nicht minder glücklich sei.

Johann Wolfgang von Goethe

Des Lebens große Stürme,
wenn sie vorüber sind,
so mögen sie dir scheinen,
sie wären leichter Wind.

Weise ist der Mensch,
der nicht den Dingen nachtrauert,
die er nicht besitzt,
sondern sich der Dinge erfreut,
die er hat.

Epiktet

Echtes ehren,
Schlechtem wehren,
Schweres üben,
Schönes lieben!

Paul Heyse

Alles in der Welt lässt sich ertragen,
nur nicht eine Reihe von schönen Tagen.

Johann Wolfgang von Goethe

Wer den Wind sät, wird den Sturm ernten.

Bibelspruch

Nur Menschen, die die Härten des Lebens
erfahren haben,
reifen zum Charakter und lernen sich beugen,
ohne ihren Stolz zu verlieren.

Indonesisches Sprichwort

Setz dir Perücken auf von Millionen Locken.
setz deinen Fuß auf ellenhohe Socken:
Du bleibst doch immer, was du bist!

Johann Wolfgang von Goethe

Sich selbst zu bekämpfen,
ist der schwerste Krieg,
sich selbst zu besiegen,
ist der schönste Sieg.

Friedrich von Logau

Die Welt, obgleich sie wunderlich,
ist gut genug für dich und mich.

Wilhelm Busch

Sechs Wörtchen nehmen mich
in Anspruch jeden Tag:
Ich soll, ich muss, ich kann,
ich will, ich darf, ich mag.

Friedrich Rückert

Ob gut, ob schlecht
das Jahr auch sei:
ein bisschen Frühling
ist immer dabei!

Wer mit dem Leben spielt,
kommt nie zurecht,
wer nicht sich selbst befiehlt,
bleibt immer Knecht.

Johann Wolfgang von Goethe

Fortuna lächelt, doch sie mag
nur ungern voll beglücken.
Schenkt sie uns einen Sommertag,
so schenkt sie uns auch Mücken.

Wilhelm Busch

Glück hat auf die Dauer doch zumeist
wohl nur der Tüchtige.

Hellmuth von Moltke

Frieden im Gemüte,
das Leben sonnig erhellt:
Wahre Herzensgüte
überwindet die Welt.

Victor von Scheffel

Es gehört mehr Mut dazu,
seine Meinung zu ändern,
als ihr treu zu bleiben.

Friedrich Hebbel

Leicht zu leben ohne Leichtsinn,
heiter zu sein ohne Ausgelassenheit,
Mut zu haben ohne Übermut –
das ist die Kunst des Lebens!

Theodor Fontane

Glück und Schmerzlosigkeit müssen wir
dankbar annehmen und genießen,
aber nie fordern.

Wilhelm von Humboldt

Wenn sich die Sprüche widersprechen,
ist's eine Tugend und kein Verbrechen.
Du lernst nur wieder von Blatt zu Blatt,
dass jedes Ding zwei Seiten hat.

Paul Heyse

Von dem, was man erworben,
ist das Beste die Erinnerung,
wie man's erworben.

August von Kotzebue

Man will nicht nur glücklich sein,
sondern glücklicher als die anderen.
Und das ist deshalb so schwer, weil wir die
anderen für glücklicher halten, als sie sind.

Montesquieu

Vergessen und Vergessenwerden!
Wer lange lebt auf Erden,
der hat wohl diese beiden
zu lernen und zu leiden.

Theodor Storm

Wenn man glücklich ist,
soll man nicht noch glücklicher sein wollen.

Theodor Fontane

Wo man am meisten drauf erpicht,
gerade das bekommt man nicht.

Wilhelm Busch

Schlägt dir die Hoffnung fehl,
nie fehle dir das Hoffen.
Ein Tor ist zugetan,
doch tausend stehn noch offen.

Friedrich Rückert

Auf das Glück darf man nicht warten,
dann kommt es nicht;
man muss daran arbeiten.

Lebensregel

Viel besser ohne Glück, als ohne Liebe sein.

Christian Fürchtegott Gellert

Über Rosen lässt sich dichten,
in die Äpfel musst du beißen.

Johann Wolfgang von Goethe

Man sieht nur mit dem Herzen gut,
das Wesentliche ist für die Augen unsichtbar.

Antoine de Saint-Exupéry

Wer sich selbst anspornt,
kommt weiter als der,
welcher das beste Ross anspornt.

Johann Heinrich Pestalozzi

Dass andere Leute kein Glück haben,
finden wir sehr natürlich,
dass wir selber keins haben,
erscheint uns immer unfassbar.

Marie von Ebner-Eschenbach

Wer etwas haben will,
der muss auch geben.

Martin Luther

Mit dem Glück geht es oft wie mit der Brille:
man hat sie auf der Nase und weiß es nicht.

Lebensphilosophie

Was du weggibst, ist dein,
was du behältst, geht dir verloren.

Chinesisches Sprichwort

Wo wir uns der Sonne freuen,
sind wir jede Sorge los;
dass wir uns in ihr zerstreuen,
darum ist die Welt so groß.

Johann Wolfgang von Goethe

Hell' Gesicht bei bösen Dingen
und bei frohen still und ernst,
und gar viel wirst du vollbringen,
wenn du das beizeiten lernst.

Ernst Moritz Arndt

Es reden und träumen die Menschen viel
von bessern, künftigen Tagen;
nach einem glücklichen, goldenen Ziel
sieht man sie rennen und jagen.
Die Welt wird alt und wird wieder jung,
doch der Mensch hofft immer Verbesserung.

Friedrich von Schiller

Glück ist das Einzige,
das sich verdoppelt,
wenn man es teilt.

Albert Schweitzer

Es ist nicht genug zu wissen,
man muss auch anwenden;
es ist nicht genug zu wollen,
man muss auch tun.

Johann Wolfgang von Goethe

Willst du dich selber erkennen,
so sieh, wie die anderen es treiben;
willst du die anderen verstehen,
blick in dein eigenes Herz.

Friedrich von Schiller

Wer fürchtet, dass die Biene sticht,
erntet auch den Honig nicht.

Volksmund

Blumen sind an jedem Weg zu finden,
doch nicht jeder weiß den Kranz zu winden.

Anastasius Grün

Glück und Regenbogen
sieht man nicht über dem eigenen Haus,
sondern nur über fremdem.

Sprichwort

Das Lächeln, das du aussendest,
kehrt zu dir zurück.

Indische Weisheit

Ein bisschen Güte von Mensch zu Mensch
ist besser als alle Liebe zur Menschheit.

Richard Dehmel

Glück gleicht durch Höhe aus,
was ihm an Länge fehlt.

Robert Frost

Glücklich ist nicht, wer anderen so vorkommt,
sondern wer sich selbst dafür hält.

Seneca

Worte
großer Dichter

Wer will denn alles
gleich ergründen,
sobald der Schnee schmilzt,
wird sich's finden.

Johann Wolfgang von Goethe

Freiheit besteht darin, dass man
alles tun kann, was niemandem schadet.

Matthias Claudius

Ein bisschen mehr Friede und weniger Streit.
Ein bisschen mehr Güte und weniger Neid.
Ein bisschen mehr Wir und weniger Ich.
Ein bisschen mehr Kraft, nicht so zimperlich.
Und viel mehr Blumen während des Lebens,
denn auf den Gräbern blühn sie vergebens.

Peter Rosegger

Diese Welt ist doch die beste,
und sie lebt sich ziemlich gut
mit Gesundheit, Geld und Tugend
und ein bisschen Übermut.

Eduard von Bauernfeld

Nicht da ist man daheim,
wo man seinen Wohnsitz hat,
sondern wo man verstanden wird.

Christian Morgenstern

Wie groß für dich du seist,
vorm Ganzen bist du nichtig;
doch als des Ganzen Glied
bist du als kleinstes wichtig.

Friedrich Rückert

Wie fruchtbar ist der kleinste Kreis,
wenn man ihn wohl zu pflegen weiß.

Johann Wolfgang von Goethe

Die Welt ist ein Schauplatz.
Du kommst, siehst, gehst vorüber.

Matthias Claudius

Seht Ihr den Mond dort stehen?
Er ist nur halb zu sehen
und ist doch rund und schön.
So sind wohl manche Sachen,
die wir getrost belachen,
weil unsere Augen sie nicht sehn.

Matthias Claudius

Dein Auge kann die Welt
trüb oder hell dir machen,
wie du sie ansiehst,
wird sie weinen oder lachen.

Friedrich Rückert

Bleibe nicht am Boden heften!
Frisch gewagt und frisch hinaus.
Kopf und Arm mit heitern Kräften,
überall sind sie zu Haus.
Wo wir uns der Sonne freuen,
sind wir jede Sorge los;
dass wir uns in ihr zerstreuen,
darum ist die Welt so groß.

Johann Wolfgang von Goethe

Den Wert der Jugendzeit siehst du erst ein,
wenn du dich weit von ihr entfernt hast;
von ihren Schätzen bleibt nur einer dein,
du selbst bestimmst, ob groß er oder klein,
der Schatz von dem, was du gelernt hast.

Friedrich Rückert

Wenn du das große Spiel der Welt gesehen,
so kehrst du reicher in dich selbst zurück;
denn wer den Sinn aufs Ganze hält gerichtet,
dem ist der Streit in seiner Brust geschlichtet.

Friedrich von Schiller

Willst du immer weiter schweifen?
Sieh, das Gute liegt so nah.
Lerne nur das Glück ergreifen,
denn das Glück ist immer da.

Johann Wolfgang von Goethe

Zeit und Tage
bringen viel Plage.
Tage und Zeit
ändern viel Leid.

Alles fügt sich und erfüllt sich,
musst es nur erwarten können.
Und dem Werden deines Glückes
Jahr und Felder reichlich gönnen.

Christian Morgenstern

Dem frohen Tage folgt ein trüber,
doch alles wiegt zuletzt sich auf.

August von Platen

Frage nicht, was das Geschick
morgen will beschließen;
unser ist der Augenblick,
lass uns den genießen.

Friedrich Rückert

Zweifle an der Sonne Klarheit,
Zweifle an der Sonne Licht,
zweifl', ob lügen kann die Wahrheit,
nur an meiner Liebe nicht.

William Shakespeare

Lachen und Lächeln
sind Tor und Pforte,
durch die viel Gutes
in den Menschen hineinhuschen kann.

Christian Morgenstern

Das sind die Starken:
Die unter Tränen lachen,
eigene Sorgen verbergen
und andere fröhlich machen.

Franz Grillparzer

Wenn du dich selber machst zum Knecht,
bedauert dich niemand, geht's dir schlecht.
Machst du dich aber selbst zum Herrn,
die Leute sehen es auch nicht gern:
und bleibst du endlich, wie du bist,
so sagen sie, dass nichts an dir ist.

Johann Wolfgang von Goethe

RENATE NAVÉ (Hrsg.)

Mein Poesie-Album

Ein fröhliches und spritziges Poesie-Album,
geschmückt mit hübschen, bunten Bildern.
Lustige und besinnliche Sprüche regen zum
Selberdichten an.

RENATE NAVÉ (Hrsg.)

Festgedichte

Festgedichte erfreuen sich von jeher großer
Beliebtheit, denn sie tragen wesentlich zum
Gelingen eines Festes bei. Die vorliegende
Sammlung umfasst heitere und besinnliche
Glückwunschgedichte für die verschiedensten
Anlässe: Geburtstag, Muttertag, Geburt und
Taufe, Kommunion und Konfirmation, Hochzeit,
silberne und goldene Hochzeit, Jubiläen und
Gesellschaften, Richtfest und Wohnungsein-
weihung, Ostern, Nikolaus, Weihnachten und
Neujahr.

**SCHNEIDER
BUCH**

ENID BLYTON

Meine Schulklasse

Mit diesem Album macht die Schule wirklich
Spaß. Klassenkameraden und Lehrer können
sich darin eintragen und eine Menge über
sich verraten. Auf diese Weise wird dieses
Buch eine schöne Erinnerung an die Schul-
zeit bleiben.

**SCHNEIDER
BUCH**